Über den Autor Michael Ryba kursieren die unterschiedlichsten Vermutungen: »Ist das nicht der, der die Sixtinische Kapelle ausgemalt hat?« fragen sich die einen, »Nein, der hat doch Winnetou geschrieben«, meinen die anderen. »Ryba? Nie gehört!« bereichern wieder andere die Diskussion um den Künstler. Fest steht jedoch, daß Ryba 1947 in Eutin geboren wurde und Grafik und Malerei (u. a. bei Joseph Beuys) studierte. Die internationale Anerkennung für sein bisheriges Wirken in Kunst und Literatur reicht von »schwer verständlich« bei den Lesern – über »schwer erträglich« bei Museumsbesuchern – bis zu »schwer verkäuflich« bei Verlegern und Galeristen. Trotz seiner Erfolge ist der sympathische Künstler bescheiden geblieben: »Ich werde mein sozialkritisches Engagement in Kunst und Literatur fortsetzen, selbst wenn ich einen Teil meines Personals entlassen müßte!« versichert Ryba, der heute zurückgezogen in einem Seitenflügel des Schlosses Neuschwanstein lebt.

Vollständige Taschenbuchausgabe November 1990
Droemersche Verlagsanstalt Th. Knaur Nachf., München
© 1987 Michael Ryba/Zinnober Verlag, Hamburg/Siena
Originalverlag Zinnober, Hamburg
Umschlaggestaltung Manfred Waller
Druck und Bindung Appl, Wemding
Printed in Germany 5 4 3 2 1
ISBN 3-426-02757-7

MICHAEL RYBA

DER MANN

DIE KRONE DER SCHÖPFUNG

MIT EINEM VORWORT VON ELKE HEIDENREICH

Knaur

ONE, TWO, THREE, FOUR....

„IHR HERZ IST EIN FINSTERES LOCH..."

»ABER LIEB, ABER LIEB SIND SIE DOCH!!!!«

Meine Tante Hilde hat immer behauptet:
»Alle Männer wollen sowieso nur

DAS EINE.«

Bis heute rätsele ich, was das sein mag.
Lebensstudien am Mann brachten mich nicht weiter,
und so greife ich gern zum wertvollen Sachbuch,
um endlich dem Geheimnis auf die Spur zu kommen: was ist

DAS EINE?

Michael Ryba behauptet zwar, der Mann sei
»die Krone der Schöpfung«,
(wir wissen nicht, ob der Autor das ironisch meint? !) aber was

DAS EINE

ist, darüber gibt auch er keine Auskunft.
Mal ist es der tiefe Blick in Frauenaugen,
mal ist es die buntschillernde Uniform,

DAS EINE

kann der Chefsessel in der 16. Etage sein oder der richtige Kaffee,
wenn die Kriegskameraden zu Besuch kommen,
es kann ein Tor sein,
eine strammstehende Kompanie oder
eine Gattin bis zum Ellbogen in Spülwasser. Vielleicht ist

DAS EINE

gar nichts konkret Faßbares?
Durch Rybas Bilder schwebt so ein merkwürdiger Hauch
von wehmütiger Sehnsucht nach dem
GUTEN SCHÖNEN WAHREN,
das aber angesichts rutschender Hosen,
verschwindender Haarpracht,
tückischer Umstände so schwer nur,
ach so schwer zu erreichen ist...

Ja, das wird

DAS EINE

sein, von dem Tante Hilde sprach: Sie wollen WUNDERVOLL sein,
die Männer. Sie wollen geliebt werden und gehätschelt, sie wollen
die Weltfäden in der Hand behalten, und wenn sie abends heimkommen,
dann ziehen wir ihnen die Pantöffelchen an und sagen:
»Wundervoll hast du die Welt heute wieder regiert, Karlheinz.«

Sie wollen nur

DAS EINE,

und das ist eben ALLES.
Ryba weiß das. Vermutlich ist er auch ein Mann,
weil er es so verflixt gut weiß?

Der Mann will Kanzler werden oder Bildungsminister,
Pelztierjäger, Rüstungsexperte oder Lebensmitteleinzelhändler,
Herrenausstatter, Kaffee-Experte oder Feldwebel,
und um glücklich zu sein, braucht der Mann
1 Auto,
1 Stereoanlage,
1 Chefposten,
2-3 Stück Frauen,
1-2 Stück Orden,
mit so wenig ist er schon zufrieden.
(Denken Sie da bitte nur z. B. an den Hund, was der alles braucht -
Freßnapf,
Decken,
Knochen,
Leine,
Körbchen,
Steuermarke,
Halsband,
Herrchen,
Frauchen...)
Nein, nein, der Mann ist bescheiden und liebenswert,
eben weil er ALLES will. ALLES für EINES, EINER für ALLE,
wer EINEN kennt, kennt ALLE,
ALLE wollen nur das

EINE,

Tante Hilde hat recht, und Ryba hat das Geheimnis enträtselt.
Den lieben Gott haben wir uns, wie ja auch zwangsläufig seinen Stellvertreter,
als einen Mann vozustellen. Da sitzen wir Schwestern natürlich klein
und neidisch vor Gottes Ebenbild, dem wir nie werden gleichen können.
Andererseits... daß die Welt so aussieht, wie sie aussieht,
hat das vielleicht etwas damit zu tun, daß der Mann so ist,
wie Ryba ihn... nicht doch.
Zwar sind die Männer alle Verbrecher, und ihr Herz ist ein finsteres Loch
und hat tausend verschiedene Gemächer,
aber LIEB aber LIEB sind sie...
Nein, nein. Tante Hilde hat recht: »Alle Männer wollen sowieso nur

DAS EINE.«

Ryba weiß das.
Ryba gibt das zu.
Ryba hätte sich mit Tante Hilde gut verstanden.

Elke Heidenreich

Männer sind stark

Männer brauchen Fleisch

Männer sind sensibel

Männer brauchen von Zeit zu Zeit ein kleines Kompliment

Männer wissen, was Frauen brauchen

Männer sind praktisch

Männer brauchen Abwechslung

WENN MEIN MANN VON DER ARBEIT KOMMT, BRAUCHT ER ERSTMAL EINE KLEINE ABWECHSLUNG...

KENN ICH, MEINE LIEBE, KENN ICH...

JA JA. DIE MÄNNER...

Männer sind schön und gepflegt

Männer sind klug

"Zu unserer Diskussionsrunde – »Die Frau im Spannungsfeld zwischen Beruf und Berufung« begrüße ich zu meiner Rechten als Experten Monsignore Behrends vom Institut für Frauenforschung der Universität Göppingen..."

Männer haben Format

Männer sind Kenner

Der kleine Unterschied

Der Panther - Mann
(Homo chauvicus infantilis)

Der Boss - Mann
(Homo komplexicus)

Der Müsli - Mann
(Homo alternativus)

Der Kasper - Mann
(Homo - clownescus)

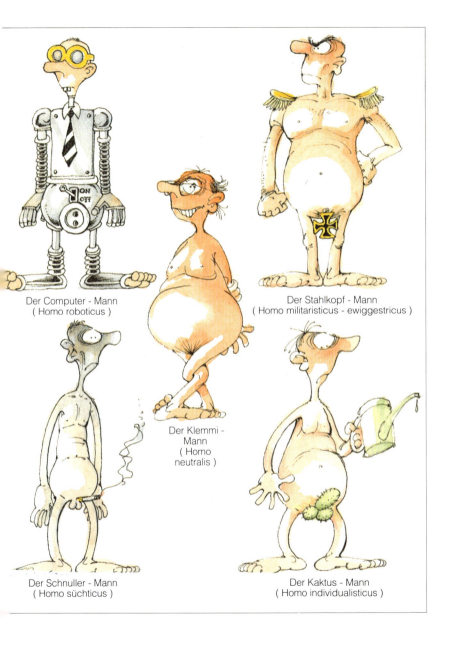

Männer sind nachtragend

Männer lassen sich nicht gerne überholen

Ein Mann will nach oben

Männer sind hart im Nehmen

Männer sind sportlich

SO WUNDERSCHÖN WIE HEUTE...

Männer sind Idealisten

Männer sind wie Kinder

Männer sind leidenschaftlich

Männer sind allzeit bereit

Männer sind wählerisch

Männer sind häuslich

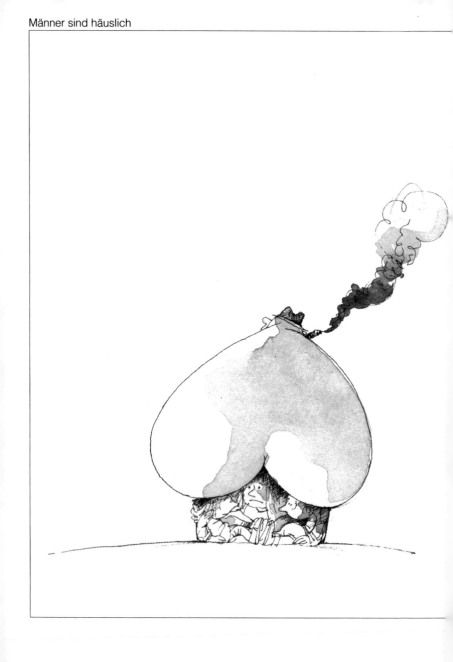

Süß und hilflos: Der Mann in der Küche

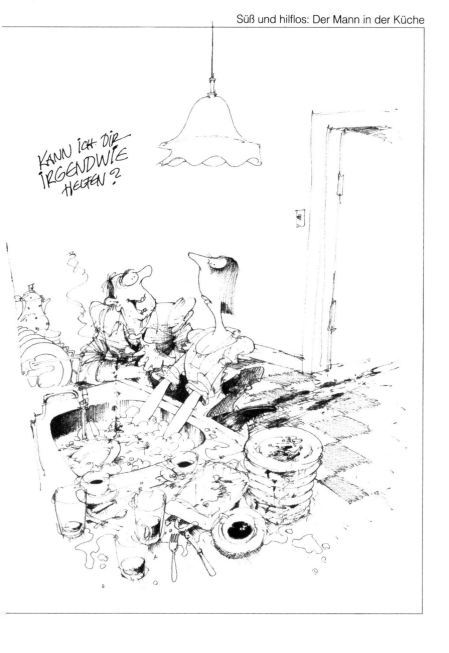

Männer haben ein Herz für Kinder

Männer haben Mut

Väter und Söhne

Vati erzählt eine Weihnachtsgeschichte

Männer verstehen auch schwierigste Zusammenhänge

Ein Mann sieht rot

Ein Mann sieht dunkelrot

Ein Mann sieht schwarz

Ein Männerschicksal

Die Stütze des Betriebes: Der angestellte Mann

"SCHON WIEDER ZU SPÄT ZUR ARBEIT, SCHIMANSKY!!! WAS HABEN SIE MIR DAZU ZU SAGEN?!!"

"ALSO, DAS IST EINE GANZ VERRÜCKTE GESCHICHTE, HERR DIREKTOR! RUFT MICH DOCH NEULICH MEIN SCHWAGER, GENAUER GESAGT, DER MANN MEINER ÄLTESTEN SCHWESTER, DIE ÜBRIGENS MIT FRAU BEHRENS AUS DER BUCHHALTUNG FRÜHER MAL ZUSAMMEN IHRE LEHRE GEMACHT HAT – ALSO DIESER SCHWAGER RUFT MICH AN UND SAGT: 'LEO, ALTES HAUS' – SO SAGT ER OFT IM SCHERZ 'LEO, DU AHNST NICHT, WER HEUTE ABEND ZU BESUCH KOMMT!' ICH SAGE: 'WIE SOLL ICH DAS AUCH WISSEN, KEINE BLASSE AHNUNG, WILLI!' 'RATE MAL', SAGT ER, 'DA KOMMST DU NIE DRAUF!' ICH SAGE IHM: 'WENN ICH SOWIESO NIE DRAUF KOMM, DANN HAT ES JA AUCH KEINEN SINN, WENN ICH RATE.' ABER UM IHN NICHT ZU KRÄNKEN HABE ICH DANN DOCH GERATEN: ONKEL KARL AUS PLÖN? 'WIE KOMMST DU AUF ONKEL KARL AUS PLÖN', FRAGT ER, 'HAB' ICH NUR SO GERATEN', SAGT ER, 'MIR WÜRDE ES DANN ZU DUMM UND ICH HABE IHN DANN GANZ DIREKT GEFRAGT: 'ALSO, WER?' 'HALT DICH FEST', SAGT ER, 'NIEMAND ANDERS ALS HEINZ!' NUN MUSS MAN WISSEN, DASS HEINZ EIN URALTER BEKANNTER VON UNS IST, MIT DEM WIR WOHL NICHT WENIGER ALS ZEHN JAHRE SKAT GESPIELT HABEN, JEDE WOCHE MITTWOCH IM KRÜGER-ECK. NA, DA KÖNNEN SIE SICH VORSTELLEN, DASS WIR UNS GLEICH WIEDER ZU EINEM SKAT-ABEND VERABREDET HABEN. UND DAS WAR GESTERN ABEND. ICH BRAUCHE WOHL NICHT ZU BETONEN, DASS ES EIN LANGER ABEND WURDE, UND AUCH NICHT GERADE TROCKEN, WENN SIE WISSEN, WAS ICH MEINE! UND WIE DAS SO IST, NACH EINEM LANGEN ABEND, DER WECKER KLINGELT AM MORGEN, ABER KEINER HÖRT IHN, HAHA!' NA, SCHLIESSLICH RAFFE ICH MICH DANN DOCH AUF UND SAGE MIR: 'WAS SOLL DER ARME HERR DIREKTOR OHNE SEINEN BÜROVORSTEHER MACHEN?' UND FAST WÄRE ICH SOGAR NOCH PÜNKTLICH GEKOMMEN, ABER DA IST JETZT EINE BAUSTELLE AN DER BUSHALTESTELLE UND DESHALB MUSS MAN DA JETZT NOCH EIN STÜCK ZU FUSS GEHEN, NA UND DAS DAUERT AUCH SEINE ZEIT, UND DANN HAT DER BUS AUCH NOCH VERSPÄTUNG! AUSGERECHNET HEUTE, WO ICH EH' SCHON SO SPÄT DRAN WAR! NA, SCHLIESSLICH BIN ICH JA DOCH NOCH ANGEKOMMEN UND WIE HEISST DAS ALTE SPRICHWORT: 'BIST DU ZU SPÄT ZUR ARBEIT GEKOMMEN, SO MACHE EINFACH FRÜHER SCHLUSS, WEIL ALLES AUF DER WELT EINEN AUSGLEICH HABEN MUSS.' MIT ANDEREN WORTEN: NICHTS FÜR UNGUT, HERR DIREKTOR! AM BESTEN, WIR GEHEN JETZT GLEICH AN DIE ARBEIT, DAMIT WIR NICHT NOCH MEHR ZEIT VERTRÖDELN, DENN WIE SAGEN SIE DOCH IMMER: 'ICH HABE MEINE ZEIT AUCH NICHT GESTOHLEN' UND GENAU DAS, HERR DIREKTOR, IST AUCH MEINE GANZ PERSÖNLICHE MEINUNG...!"

Zum Führen geboren: Der Chef

Männer machen Karriere

Götter in Weiß: Männer als Ärzte

Streng, aber gerecht: Juristen

... VERURTEILE ICH SIE IM NAMEN DES VOLKES ZUM TODE DURCH...

MOMENT! ZUM TODE KANN JA WOHL NICHT SEIN... ..IST JA ABGESCHAFFT...

NA BITTE, DA HABEN WIR'S: ZU EINER DREISTÜNDIGEN HAFT..

AH, NEIN! DREIJÄHRIGEN HAFT.. ODER HEIßT DAS **DREIßIGJÄHRIGEN**.?

LESEN SIE MAL SELBST! MEINE AUGEN SIND NICHT MEHR DIE BESTEN ...

..NEHMEN SIE TEIL AN EINER KAFFEEFAHRT INS ELSAß MIT VERKAUFS- VERANSTALTUNG..

KAFFEEFAHRT? MERKWÜRDIG! ALSO GUT! ABER OHNE BEWÄHRUNG!!

Aufopferungsvoll: Politiker

... SO SCHWÖRE ICH,
SCHADEN VON MIR ZU WENDEN
UND MEINEN NUTZEN ZU MEHREN,
SO WAHR MIR — GOTT HELFE!

WIRD GEMACHT,
HERR PRÄSIDENDT!

Meister der Rhetorik: Diplomaten

EINERSEITS....

Gestatten Sie mir hier eine gegenteilige Auffassung, Herr Kollege!!

Wissen, was Gott sagen will: Geistliche

Männer machen Literatur

PLÖTZLICH BEFIEL MICH
DIE ÖDE IN IHRER
GANZEN GRÄUE...
DOCH – WAR DA NICHT
AUCH EINE GROSSE
LEERE....?
JA, DA WAR AUCH
EINE GROSSE LEERE...
..UND WIEDER
KAM DIE
ÖDE...

Zum Schluß noch ein Wort unter Männern:

Über die Person und das Werk MICHAEL RYBAs
(im Bild links, bei einer Signierstunde in der Bahnhofsbuchhandlung von Wanne-Eickel)
kursieren die unterschiedlichsten Vermutungen:
»Ist das nicht der, der die Sixtinische Kapelle ausgemalt hat?«
fragen sich die einen,
»Nein, das ist doch der, der Winnetou geschrieben hat!«
mutmaßen die anderen.
»Ryba? Nie gehört!«
bereichern wieder andere die Diskussion um den Künstler.

Auch die wenigen intimen Kenner der Werke Rybas urteilen nicht einhellig:
»Schwer verständlich« klagen die Leser,
»schwer erträglich« empören sich Museumsbesucher vor Bildern und Plastiken,
»schwer verkäuflich« weinen Verleger und Galeristen.
Nur der sympathische Künstler selber geht unbeirrt seinen Weg:
»Ich werde mein sozialkritisches Engagement in Kunst und Literatur fortsetzen,
selbst wenn ich einen Teil meines Personals entlassen müßte!«
versichert Ryba, der heute zurückgezogen
in einem Seitenflügel des Schlosses Neuschwanstein lebt.

Männer brauchen Zinnober

Bücher aus dem Zinnober Verlag:

HANS SCHEIBNER
Klopfzeichen aus der Anstalt

HORST VETTEN
Deutsches Gelächter

RALPH STEADMAN
Alice

PEPSCH GOTTSCHEBER
Immer kurz vorm Durchbruch

PETER NEUGEBAUER
Neugebauers neue Neurosen

PETRA BAUER (Hg)
Hier kocht das Chaos

HORST TOMAYER
Hirnverbranntes und Feinziseliertes

FRENZ u.a. (Hg)
70 x die volle Wahrheit

KONRAD REICH
Dor führt ümmer ein den annern an

ZINNOBER VERLAG